Confrérie de Notre-Dame la Joyeuse

ou des Pastoureaux

PAR

Franck DELAGE

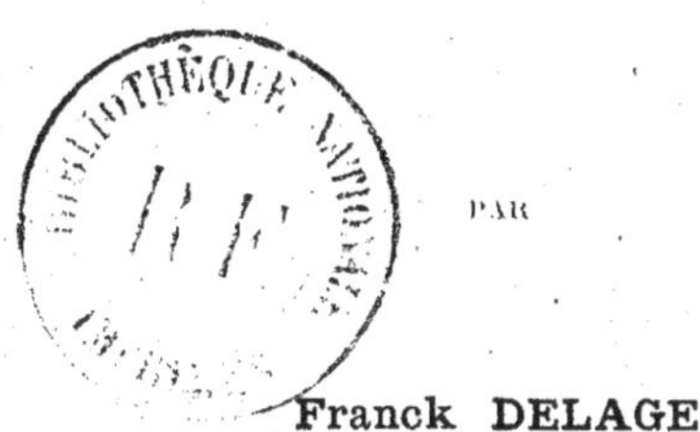

LIMOGES

IMPRIMERIE - LIBRAIRIE - PAPETERIE - RELIURE

DUCOURTIEUX ET GOUT

Libraires de la Société archéologique du Limousin

7, RUE DES ARÈNES, 7

1906

Confrérie de Notre-Dame la Joyeuse

ou des Pastoureaux

PAR

Franck DELAGE

LIMOGES

IMPRIMERIE - LIBRAIRIE - PAPETERIE - RELIURE

DUCOURTIEUX ET GOUT

Libraires de la Société archéologique du Limousin

7, RUE DES ARÈNES, 7

1906

Confrérie de Notre-Dame la Joyeuse

ou des Pastoureaux

L'ancienne confrérie de Notre-Dame la Joyeuse, ou des Pastoureaux, est représentée, aux Archives de la Haute-Vienne, principalement par deux registres de haute importance.

Le premier (Archives hospitalières, VI, B. 1) contient d'abord les statuts de la confrérie, datés du 6 janvier 1490 (ancien style) ; ils ont été publiés par M. Leroux dans la *Revue des Langues romanes* (1891, p. 417 sqq). Ils sont suivis de plusieurs articles nouveaux, datés de 1511, 1519, 1521, 1530, 1531 et 1555, et dont l'effet est de compléter ou rectifier les anciens ; nous en donnons la transcription intégrale. Les remaniements qu'ils attestent prouvent assez que la vie de la confrérie n'allait pas toujours sans difficulté ; certains articles des statuts (nécessité de se déguiser en pastoureaux, — payement des amendes, — frais de banquets) paraissaient maintes fois une gène à des confrères peu convaincus de la nécessité de remplir toutes leurs obligations. On trouve encore dans le même registre trois listes de confrères (1520 ?, 1539, 1550), qui ont été analysées par M. Leroux dans son *Inventaire* des Archives (série H suppl.).

Le deuxième registre (cote VI, E. 1) s'ouvre par une copie des statuts. Mais son véritable objet — et son véritable intérêt — c'est d'être le livre des comptes de la confrérie : année par année les bailes y inscrivent recettes et dépenses. Nous pénétrons ainsi dans la confrérie, et, en rapprochant ces indications des articles statutaires, nous pouvons nous représenter assez bien ce qu'était sa vie, et, en particulier, comment elle célébrait ses fêtes. La série des comptes est malheureusement incomplète. De 1518 à 1568, elle se poursuit sans interruption ; mais là s'ouvre une brusque lacune dont la cause est hypothétique : peut-être doit-on la voir dans les troubles religieux que traversa Limoges et qui durent gêner le fonctionnement des associations de dévotion. La série reprend en 1578, mais pour subir une nouvelle interruption de deux ans, reprendre en 1581, puis s'arrêter pour un an. De 1583 à 1587, la suite est régulière ; mais elle ne persiste pas, et dès lors le registre devient assez confus. Les comptes du xvii⁰ siècle, — quand ils figurent à leur place, — sont extrêmement sommaires jusqu'en 1633. De 1633 à 1637, lacune : de 1637 à 1644 (dernière date) la régularité et le souci de l'exactitude reparaissent. Peut-être pourrait-on voir, dans ce désordre du registre, une image des vicissitudes de la confrérie elle-même. Parmi tous ces comptes, nous avons pris pour type les premiers, ceux de l'année 1518-1519 (1) et les avons transcrits presque en entier. Dans les années suivantes, nous avons relevé des détails de diverses sortes, dont la connaissance nous a paru utile pour éclaircir ou compléter les indications du premier budget. Parmi ces détails, plusieurs intéressent l'histoire générale de Limoges (pestes, — imprimeries, — affaires de finances, — collège, — salaires des métiers, — prix d'objets divers).

Ce registre contient encore de nombreuses mentions relatives à la réception de nouveaux confrères, et cinq listes de noms (1583 ?, 1592, 1612, 1634, 1646). Ces listes ont été signalées et les noms intéressants ont été relevés dans l'*Inventaire des Archives*. Nous n'avons donc pas à y revenir. Mais nous devons faire remarquer ici que ces listes permettent de connaître le nombre des membres de cette confrérie depuis le début du xvi⁰ siècle jusqu'au milieu du xvii⁰ siècle et les régions sociales dans lesquelles elle se recrutait. Les confrères sont 101 aux environs de 1520, 108 en 1539, 72 en 1550, 58 en 1580, 49 en 1592, 13 en 1612, 14 en 1634, 13 en 1646.

C'est, on le voit, une progression descendante, et comme un schéma figurant la décadence de l'esprit qui avait fondé et animé d'abord les associations de ce genre ; la chute décisive du nombre des confrères se produit au début du xvii⁰ siècle, à l'époque de la création des Pénitents, comme on l'a souvent remarqué. D'autre part, en lisant les noms sur les listes, il semble que l'on fait une revue de presque toutes les familles qui ont marqué dans la société limousine en ces temps-là. Ce sont des Dubois et des Benoist, des Romanet et des Guibert, des Rougier et des Ardent, des Veyrier et des Disnematin, des Dauvergne, des de Jullien, des Malledent, des Grégoire, des Dupeyrat, des Coulomb, des Decordes, etc., etc. De

(1) L'année commençant en Limousin le 25 mars, chaque année de bailie porte sur deux années nouveau style, soit du 25 mars 1518 au 24 mars 1519. La réforme grégorienne fut appliquée en Limousin le 1ᵉʳ janvier 1566 : la bailie continue à empiéter sur deux années, sans doute à cause de la proximité très grande des deux fêtes de Noël et des Rois qu'il valait mieux faire organiser par les mêmes bailes.

père en fils on peut suivre plusieurs générations, les voir se suc-
céder fidèlement dans la confrérie. Laïques et prêtres, curés et
fonctionnaires des finances, magistrats et apothicaires, procureurs
et orfèvres : toutes les classes de la société et toutes les professions
ont ici leurs représentants.

La confrérie était administrée par un roi et trois bailes. Chacun
était roi à son tour, suivant le rang qu'il occupait sur le rôle des
membres. Les bailes, élus pour un an, comptaient deux laïques et
un prêtre. Parmi leurs fonctions, nous croyons devoir rappeler ici
le rôle de justiciers et de pacificateurs qui leur était dévolu (articles 52 et 53 des statuts). En effet, avant de s'adresser à la justice,
un confrère maltraité ou injurié doit demander aide aux bailes;
ceux-ci, de concert avec le roi, s'efforcent d'arranger l'affaire, et,
quand ils ont rendu leur sentence arbitrale, le confrère qui refuse
de l'accepter est frappé d'une amende de 10 sous tournois.

C'était dans l'église Saint-Pierre-du-Queyroix que les confrères
célébraient leurs cérémonies. Si nous en croyons M. Ardant (1), ils
n'étaient pas possesseurs d'une chapelle réservée uniquement à leur
culte. « Notre-Dame la Joyeuse touchait à la porte de la sacristie,
du côté de l'épître [donc du côté droit], au-dessous du beau vitrail
consacré à la mort et à l'apothéose de la Sainte-Vierge. C'était la
chapelle de la communauté des prêtres..... On l'appelle aujourd'hui
N.-D. de Lorette » (2). Au reste, une sculpture que l'on voit encore
aujourd'hui sur la façade de l'église Saint-Pierre atteste la présence
et l'importance de cette confrérie. La fenêtre de la chapelle qui
est à la droite de la porte du clocher est en effet encadrée entre
deux bas-reliefs; celui de droite représente un Saint-Sacrement
avec scène de crucifixion : c'est l'insigne de la confrérie du corps
de Dieu; Mgr Barbier de Montault y voyait même la représentation
exacte du *joyau* de cette association (3). Pouvons-nous affirmer que
l'autre bas-relief est l'image fidèle du *joyau* des Pastoureaux ? Ce
joyau, ou reliquaire, pièce d'argent qui pesait 8 marcs, 2 onces et
18 deniers, comprenait plusieurs figures; trois pâtres, une bergère
et sept brebis sont indiqués par le registre, qui mentionne aussi

(1) M. Ardant, *Saint-Pierre-du-Queyroix.* — Limoges, 1851, p. 26-27.
— Nous nous permettrons d'ajouter que ni Ardant ni Tripon, qui par-
lent de la Confrérie du Saint-Sacrement, ne mentionnent celle de Notre-
Dame la Joyeuse; Ardant parle seulement de la chapelle V. p. 33, 34,
39, 42, 44.

(2) Cette chapelle porte actuellement le nom de chapelle de la Sainte-
Vierge.

(3) *Bull. de la Soc. arch. du Limousin*, XXXV, p. 174.

un ange ; il est probable qu'il faut y ajouter les trois rois mages et tous les personnages nécessaires pour la scène de l'Adoration (1). Mais il reste difficile d'affirmer que le bas-relief de l'église Saint-Pierre reproduit exactement le joyau des Pastoureaux ; en tout cas, et sans aucun doute, il est l'emblème de la confrérie que nous étudions ici (2). Pour remercier l'église de l'hospitalité qu'elle lui donnait, la confrérie contribua aux frais nécessités par des réparations et agrandissements ; en 1541, « le roi de la frérie » versa une somme de 100 livres tournois entre les mains des « fabricqueurs ». Le souvenir de cette libéralité fut consacré par une marque durable : les : « armes et enseignes » de la confrérie furent gravées sur la clef de voûte (3).

Cette confrérie n'avait pas pour but particulier l'exercice de la charité. Jusqu'au jour où l'hôpital Saint-Martial persuada aux Pastoureaux de lui consentir une rente annuelle de 2 livres (1556, nouveau style), ils se contentaient de donner aux pauvres, une fois par an, quelques sous « en menuz deniers ». L'article 31 des statuts porte que le roi et les bailes visiteront tout confrère malade (à moins de danger) et que chaque confrère sera tenu de lui donner, s'il est dans le besoin, un secours de 2 sols 6 deniers. Nous n'avons trouvé dans le registre aucune mention relative à cet usage. En dehors de ces minces libéralités et des messes funèbres dites aux frais de la caisse commune pour l'âme des confrères morts, c'était la dévotion, le culte de Notre-Dame, qui était l'objet de cette société.

Une mise en scène assez pittoresque donnait à la piété des Pastoureaux un caractère assez gracieux. Le soir de Noël et le jour des Rois, ils paraient l'autel de feuillage, de houx, de buis et de divers emblèmes pieux (4). Près de l'autel, une « cabane » ou « tonne »,

---

(1 Voir plus loin années 1518, 1522, 1524, 1526, 1535, 1549, 1552, 1567, 1568.

2) A quelle époque fut mis en place ce bas-relief ? Nous l'ignorons. Ce fut en 1587 que la confrérie du Saint-Sacrement chargea le maitre maçon François Cuilet de « graver les armoiries de la confrérie à l'entrée dudit bastiment. » (M. Ardant, *Bull. des Com. Histor. Archéol.*, 1850, t. II, p. 45). Le registre des Pastoureaux ne nous a fourni aucune indication sur ce point. En 1888, M. Judicis a présenté à la Société archéologique les moulages de ces deux bas-reliefs (*Bulletin*, XXXVII, p. 436); on peut voir le moulage de l'Adoration au Musée de Limoges, à qui M. Judicis en a fait don.

(3) Voir le contrat que nous publions plus loin, d'après le Registre déjà cité (VI. E. 1.

(4 Pour les détails, voir notamment années 1522, 1524, 1526, 1527, 1535, 1536, 1539, etc.

faite de bois léger et de branchages, s'élevait, rappelant que c'était
dans une étable que l'enfant Jésus avait d'abord été adoré. Là
prenaient place le « sermoniadour » ainsi que les pastoureaux (1).
Un certain nombre des confrères avaient en effet revêtu leur robe
de bergers, ornée de lierre pour la circonstance. Assis sur des
bancs dans la cabane, ils entonnaient en l'honneur de la Vierge une
« chanson » ou cantique, qui paraît avoir été composée, sinon
chaque année, au moins plusieurs fois, par un confrère (2). Nous
serions assez disposés à voir des fragments ou des ébauches de
« chansons » dans quelques strophes gauchement versifiées que
contient le registre (3). Chaque année, à partir de 1545, les bailes
faisaient imprimer le nombre d'exemplaires nécessaire (4), et de
plus transcrivaient la chanson sur un « papier reliat ». Toute cette
pieuse poésie est perdue ; donnons lui un court regret ; sans avoir
de valeur littéraire, elle serait au moins un document témoignant
du degré de culture des confrères. Il semble que, avec les progrès
du temps, les Pastoureaux se soient fatigués de chanter eux-mêmes
leur cantique. A partir de 1552, il est souvent question de « chantres », avec indication de salaire ; on trouve même (5) les expressions « marché faict » et « faire marché ». Plus tard nous voyons
aussi figurer dans les dépenses les enfants de chœur de Saint-
Etienne, comme s'ils avaient pris part au chant du cantique. Au
xviie siècle, les comptes mentionnent plusieurs fois le paiement
d'une petite somme d'argent au maître de la psalette, aux cho-
ristes et enfants de chœur de Saint-Martial. Si les confrères ne
voulaient plus chanter, en revanche le goût leur venait de danser (6), et la caisse de la société devait payer aux danseurs non
seulement la musique, mais encore un festin. Les expressions du
livre de comptes donnent même à croire que ces danses devinrent
vite une partie en quelque sorte réglementaire de la fête.

Chanson et danse ne pouvaient se passer de musique. Aussi,
sans parler des orgues, la confrérie avait recours à divers musiciens ; à l'origine, ce sont des tambourins, chabretaires, huchets,
rebecs et hautbois ; plus tard, on voit paraître des trompettes, des
clairons, une cornemuse, une viole. Le nombre de ces instrumen-

(1) Voir année 1518 ; cf. article des statuts n° 15.
(2) Voir années 1564, 1565.
(3) Années 1527, 1536, 1587.
(4) Sur cette question, voir notre article dans le *Bibliophile limousin*
(1905, n° 3).
(5) Voir années 1552, 1561, 1564.
(6) Voir années 1558, 1561, 1578, 1581, 1587, 1624.

tistes, qui sont souvent désignés par le nom collectif *ménestriers*, est variable; on en compte 12 en 1546, par exemple : 2 clairons, 1 trompette, 2 huchets, 2 tambours, 3 hautbois, 1 cornemuse et 1 rebec. Limoges n'était sans doute pas très riche en musiciens de profession au xvi° siècle ; car il est dit très souvent qu'il faut augmenter le salaire des artistes, payer leur logement et la nourriture de leurs chevaux pour les faire rester ; les localités d'où ils viennent sont même plusieurs fois indiquées : Eyjeaux (1558), Verneuil (1568), Grandmont (1585).

Nous nous demandons si l'air sur lequel on chantait le cantique était toujours le même, ou bien si parfois il n'était pas composé spécialement pour la circonstance, comme les paroles. Certains termes du registre des bailes permettent de pencher vers la seconde hypothèse. En 1578, on donne un présent au maître des enfants de chœur de Saint-Etienne « pour retirer le champ (*sic*) des deux chansons de Noël et des Roys ». En 1584, on va à Beauvais « quérir les chans de la chanson ». En 1587, on paye le « maître » de Saint-Etienne « pour avoir le chant ». Si de ces expressions il est permis de conclure que notre supposition n'est pas invraisemblable, la confrérie des Pastoureaux nous apparaîtra douée d'un goût artistique qui lui donnera une physionomie originale parmi toutes les associations similaires.

Toutes ces fêtes (1) étaient naturellement l'occasion de nombreux banquets offerts à l'ensemble ou à une partie des confrères, notamment à ceux qui s'habillaient en pâtres et aux chantres, soit aux frais du roi, soit aux frais de la caisse commune.

Les festins, les chansons, la musique, l'entretien de l'autel et divers autres frais finissaient par constituer un budget de dépenses assez élevé. Aussi arrivait-il plus d'une fois que les recettes étaient non seulement absorbées, mais dépassées ; le déficit retombait sur les bailes, à moins que les confrères ne consentissent à verser une contribution supplémentaire, ou que l'on n'aliénât une parcelle des biens sociaux, par exemple des anneaux d'or attachés au joyau. Les ressources venaient de la ferme de deux prés appartenant à la confrérie, situés l'un au Mas Blanquet et l'autre vers la Croix-Buchilien, de deux setiers de seigle de fondalité sur une petit domaine sis à la Brugère (2), du produit des amendes ou *péchés*, des cotisations payées par les confrères et confréresses de la chandelle, et de quelques autres recettes peu importantes, telles que les petites sommes offertes par l'évêque, par le chapitre de Saint-

1 Veille de Noël, Noël, jour des Rois, dimanche et lundi suivants.
(2) Aujourd'hui la Bregère. Voir année 1533.

Etienne et par l'abbesse de la Règle (1). Le total était peu considérable. A vrai dire, le prix d'afferme des prés augmenta dans le cours du xvi° et du xvii° siècles : de 10 livres, en 1518, le grand pré de la Croix-Buchilien, appelé souvent pré des Pastoureaux ou des Pâtres, passe à 14 l. en 1550, à 23 en 1560, à 25 en 1568, à 40 en 1583 ; il est à 63 en 1633, à 52 en 1685, à 60 en 1705 (2). Mais les dépenses croissaient encore plus vite que les recettes ; les frais des messes et services funèbres, les salaires des ouvriers et des musiciens, le coût des banquets, des impressions et de tous les objets achetés s'élevaient avec une progression qui apparaît assez nettement quand on feuillette le livre de comptes des bailes qui est ainsi un document intéressant pour l'histoire économique. Bref, les revenus de la confrérie tendaient peu à peu à s'épuiser. En 1660, un document officiel constate qu'ils consistent en : l'afferme du pré des Pastoureaux, 2 setiers de seigle sur la Brugère, 5 livres de rente sur une maison de la rue Cruchedor ; les autres rentes, ajoute le document, sont prescrites (3).

A la même époque, la situation morale de la confrérie ne paraît pas avoir été plus brillante que sa situation financière. La délibération de la municipalité, en date du 15 mai 1659, qui demande au roi la permission de créer un hôpital général et d'y employer « les biens et revenus de quelque confrairie dont l'aplication ne se fait pas dans des œuvres de piété » vise en particulier les Pastoureaux. En parlant « des revenus des confrairies qui ont déchu de leur ancienne institution et piété », la municipalité ajoute « et spécialement de celle des pasteurs dont l'employ s'est rendu abusif ». Plus loin, la même délibération accuse les confrères de convertir leurs revenus à de mauvais usages (4). A la fin de l'année 1660, le roi délivra des lettres patentes qui donnaient toute satisfaction à la municipalité et déclaraient les revenus de diverses confréries, dont celle des Pastoureaux, unis aux fonds des hôpitaux de Limoges. Mais dans l'intervalle, les confrères avaient pris leurs précautions. Sentant la confiscation imminente, ils avaient trouvé un détour pour sauver leurs biens : ils les avaient « remis et délaissé » au profit de la communauté des prêtres de Saint-Pierre-du-Queyroix. Les administrateurs de l'hôpital ne voulurent pas lâcher prise. tandis que, de leur côté, les prêtres de Saint-Pierre s'efforçaient de jouir des revenus cédés par la confrérie. En 1661, les deux par-

1) Voir années 1550 et 1556.

2) Les chiffres de 1685 et 1705 sont donnés par les *Archives hospitalières de la Haute-Vienne*, B 268. — La contenance du grand pré était de 6 journaux (*Arch. hospit.*, B 244).

3) *Archives hospital.*, D. I., 157.

4) *Archives hospital.*, B 495, f° 4 v°, 5 r°, 9 r°.

ties firent saisir les sommes en litige, et un procès s'engagea. Les prêtres faisaient valoir que la donation était antérieure aux lettres patentes. Mais les administrateurs de l'hôpital répondaient « que la ditte donation n'avait pu estre faitte par les dits confraires, lesquels n'avaient aucune disposition du fonds et capital de la ditte frairie, mais seulement la jouissance et uzufruit pour l'employer à faire faire des services divins... La donation n'avoit esté faitte par les dits confraires qu'en haine du dit acte [la délibération du corps de ville]... » Pour montrer leur esprit de modération, les administrateurs offraient en même temps de payer sur les revenus unis à l'hôpital les frais du culte de la confrérie moribonde. Les dispositions conciliantes et la crainte d'un long procès aboutirent à une transaction qui fut conclue le 28 février 1662. Aux termes de cet acte, les prêtres de Saint-Pierre renoncent à la donation du « fonds et capital » de la confrérie, qui demeurent unis à perpétuité à l'hôpital général. D'autre part, les administrateurs de l'hôpital payeront annuellement, le jour des Rois, une somme de 20 livres aux prêtres de Saint-Pierre. Moyennant cette rente, les prêtres seront « tenus de faire le service accoutumé estre fait en la ditte frairie, consistant aux vespres, de la vigile du premier dimanche d'après les Rois d'une chaqu'une année, la grand messe du jour de dimanche, la procession accoustumée estre faitte ledit jour, avec les vêpres du soir et le service pour les morts au lendemain ». Une dernière disposition oblige les prêtres à faire avertir un des administrateurs, afin qu'il puisse assister, si bon lui semble, aux cérémonies énumérées ci-dessus (1).

Ainsi s'acheva, bon gré mal gré, la vie de la confrérie de Notre-Dame la Joyeuse. Elle disparut par un acte d'autorité municipale et royale, victime sans doute de la décadence de son esprit et surtout de son absence de charité. Tout en maintenant les services religieux qui restèrent comme la survivance de la confrérie, la ville et l'État n'hésitèrent pas à supprimer cette association. Jadis florissante, elle était devenue incapable de remplir le devoir social qui paraissait le plus urgent à tous ceux qui, vers 1660, voulurent remédier à la misère publique en concentrant les ressources éparses des hôpitaux et des confréries, en les enlevant à la direction de particuliers trop souvent peu consciencieux, pour les soumettre à la gestion d'administrateurs responsables vis-à-vis de leurs concitoyens (2).

Franck DELAGE.

1) *Archives hospital.,* B 495, f° 9 v°.

(2 Sur cette période de l'histoire limousine, voir Leroux, *Inventaire des Archives départementales,* série H suppl. *Archives hospitalières),* pp. XVIII-XXVI.

DOCUMENTS

Articles complétant ou rectifiant les statuts

Lou dissabde de la festa, l'an mil V⁰ et XI, avan soupar, en la meigou de guaign (1), per tuch lous couffrairs feurey courregitz III articleys deus statutz de lad. confreyrie en la fourma et manieyra que s'enset; premyeyrament : Que lous assensadours de las pechas dors en avant demandaran la pecha aus confrair que aura deffalit dins quinze jours, aultramen no sira pas tengut de pagar lad. pecha.

Item l'autre article eys que lou pair ou parent ou aultre que voudaran lours enfans à lad. confrérie, et serant ressoubntz, et no serant en cage de servir et garnir en pastoureu lou ceir de Nadau et de la Breffanie, que aqueu pair ou aultre que se obligara per loud. enfant sera tengut de se garnir per l'enfant quant cera son torn et rent, et fara tout servici que se deu far.

Item l'autre article eys que lou confrair que eys commandat à garnir quant vet en torn et failhan de se garnir, eran quicteys de payar X s. per la pecha; et amavan meys pagar lous X s. que se gai nir aucuns que y avye, et la confreirie y perdie beucot, et lous hayleys eran contrainctz de lougar d'aultreys per lous far garnir; et per se feut avyzat per tous lous confrairs que dores en avant aquel que falire cens aveyz eyssonie razonnable pagara vingt soulz aus aultreys confrairs que se garnirant, que sira per lou disnar conment eys de coustume.

Lou dilus de la festa, VIII⁰ jour de jevier, l'am mil V⁰ et XIX, durant lou disnar en Gaign (2), fut ordenat per messieurs lous confrairs se que si après s'enset, et premieyrament : Per ce que aulcuns avian trenchat lours nomps et de aulcuns confrairs deu libre deus statutz per mectre lousd. nomps lous uns mais en advant et lous aultreys mais en arreir ; Et aussi y avye deus confrairs que nou voulian payar lours intrageys quant eran en escrich, mes dizian que ne lous poudian pas gictar de lad. confreirie, veut que avian fach

---

(1) Un acte notarié de 1553 (*Archiv. hospitalières*, B 114) signale une maison « vulgairement appelée de Gaing », sise rue du Mûrier. Cet immeuble avait sans doute appartenu ou appartenait à la famille de Gaing. Le 1ᵉʳ Registre consulaire mentionne, p. 194, une transaction entre les consuls et Louise de Gaing, dite de Linards, dame de Neufville. Nous rappellerons que la *Revue des Soc. sav. des départ.* (1869, t. X) a publié une note de M. A. Darcel relative à des documents communiqués par M. Beauchet-Filleau au sujet de la famille de Gaing.

(2) C'est-à-dire ; dans la maison dite de Gaing.

lou segrament et que eran escrich au libre deus statutz de lad.
confreirie ; Et d'aultreys reffuzavan à payar las péchas et per def-
fensas dizian que jamays nou avian fach de segrament à lad.
confreirie ; Per que feut ordenat que, quant ung pressonage sirie
intrat et ressoubut per lous comfrairs à intrar en lad. confreirie,
lous bayleys lou presentarie au scindic, et aqui ly farian far lou
segrament en prezence de tesmoingtz ; Et loud. sindic lou mectra
en escrich au papier deus compteys de lad. confreirie ; Et aussi
lous tesmoigns et lous nomps deus bayleys que lou prézenten, et la
date deu jour et am que sira ; Et lousd. bayleys lou prézentaran
quant siran payatz deus intrageys, et aultrament nou, à la pena de
lous recoubrar suz lousd. bayleys.

Item plus feut ordenat, actendut la grande quantitat deus comfrairs que son en lad. festa (que Dieu per sa gracie vueilha mante-
neir), et que, quant vet au repas, lou nombre eys beucop plus
grant ; car chacun comfrair ou la plus part an acoustumat menar
ung enfan ; per que lou reys que deu teneir lad. festa se trobe souvent enpachat de troubar lougis per tenir lad. festa, et aussi de
troubar tant de viandas sey grande coste per far sous servicis au
repas de lad. festa à servir de treys en treys confrairs conment eys
de coustume ; Lou tout considerat, eys estat ordenat que dores en
avant nou menaray plus neguns enfans ; Et que lou servici que se
soulie far de treys en treys se fara doresnavant de quatre en quatre ;
de lascaulz chauzas susd. lous bayleys en demanderen acte et me-
mourial à meistre Loys deu Py, sindic et percuraire de lad. confreirie loud. jour et en l'oure, en la présence de Mathieu Maladent et
Pierre Mousnier, marchans de Limogeys, tesmoigntz à ce appelatz
loud. jour et am susd.

Item le lundy XIIIe jour de janvier, l'an mil cinq centz vingt ung,
tenant la festa et estant roy vénérable messire Albert Romanet,
chanoyne de l'esglise cathédrale de Lymoges, a esté advisé par les
confrayres que la somme à laquelle estoient cothizés les confrayres
quy estoient tenus se garnir et abilher en pastoureaulx le seoir de
Noel à matines et le jour de l'Epiphanie à la messe, estoit trop
petite ; et plusieurs différoient de se garnir et abiller, en aymant
myeulx poyer la tauxe ; que pourroit estre à temps advenir en dimi-
nution de lad. confrayrie. A ceste cause, d'ung commun accord, a
esté ordonné que ceulx qui deffailliront à se garnir et habiller en
pastoureaulx le seoir de Noël à Matines, poyeront cinquante sous
tournois ; Et aussy ceulx qui deffailliront le jour de l'Epiphanie à la
messe poyeront semblable somme de cinquante solz tournois ; lesquelles sommes desd. deffaillans seront employées pour le disner
de ceulx qui se seront garnis et habilhés en pastoureaulx led. jour

de l'Epiphanie ; Et s'il y a reste, sera mise à la boette ; Et ne seront tenus les bayles faire aucune composition avec led. deffaillans desd. sommes, ains les contraindront totallement, aultrement le supployeront de leur propre bourse. Et ainsi [a] esté juré estre observé par tous lesd. confraires.

M. Boyol, chanoine de Lymoges.	P. Aury.
J. Ardent, procureur du roy.	J. Suduyraud.
J. de Jayac, notaire juré, soubs le scel de messieur l'official de Limoges, par le commandement de la greigneur partie desd. confreres.

Item, et le dimanche huictiesme jour de jenvier, l'an mil cinq cens trente, estant roy et tenant la feste sire Jehan Duboys, des Taules, bourgois et marchant de Lymoges, part la délibération et commun avys des confrères de la dicte freirie ou plus grant part d'iceulz, a esté avizé et conclut que, actendu la grant multitude et effréné nonbre des confrères de la dicte freirie (1), part quoy le roy de la dicte feste a [à] soustenir gran charges et fere gros frais et mises, que dor en avant chascun desditz confrères sera tenu poyer et balher à celuy la qui sera roy pour chascun an et au jour que l'on a acoustumé à pourter l'argent, assavoyr est la somme de quinze soulz tournois (2), pour manger à ladicte feste.

M. Boyol, chanoyne de Lymoges.
J. Suduyraud.	J. Ardent.	P. Foucher.
Laurens Dupin, r.

Item le lundy neufiesme jour de Janvier, l'an mil cinq cens trente ung, tenant la feste Léonard Sanlys, marchant de Lymoges, A esté advisé par les confrères et d'ung commun accord a esté ordonné que ceulx qui deffailleront à se garnir et habiller en pastoureaulx le seoir de Noël à matines poyeront cinquante solz tournois : Et aussi ceulx qui deffailiront le jour de l'Epiphanie à la prossession et à la messe poyeront la somme de cent solz tournois : lesquelles sommes desd. deffailhans seront employées pour le disner de ceulx qui seront garnitz et habillés en pastoureaulx le jour de l'Epiphanie ; et si il y a reste, sera mise à la boeste ; et ne seront tenus les bayles à faire aucune composition avec lesd. deffailhans desd. sommes, ains les contraindront totallement, et autrement le supploye-

(1) Une liste de confrères antérieure à 1539 donne 101 noms enregistrés en une seule fois. (*Arch. hospit.*, VI, B. 1.)

(2) Les anciens statuts (article 2) prescrivaient à chaque confrère de remettre au roi 10 s. ts. le dimanche avant Noël.

ront de leur propre bourse. Et aussi a esté juré estre observé par tous lesd. confrères ; desquelles choses ont requis acte au notaire et scindic dessoubz escript, que leur a esté concédé pour leur servir ce que de raison. Faict ez présence de sire Jehan Hardit et Jehan Goudin, marchans de Lymoges, tesmoingtz ad ce appellés et requis, les jour et an susd.

Laurens Dupin, r.

L'an mil cinq cens cinquante cinq fust aresté pour les dis confrères de la confrérie de N^{re} Dame des Pastoureaux de Sainct Pierre du Querrouy, que, au lieu que les roys de la dicte frérie bailloient ung banquet au chantres qui chantoient la chanson ou ung escust, A esté aresté pour le comung avis de messieurs les confrères que le roy de la frérie ne fera le dyct banquet acoustumé ausd. chantres, mès donra aux bailes ung escust soulel, duquel on baillera quarante soubz aux povres de l'opital pour le diner du lundi de la feste (1).

(Signatures de Louis Romanet; Jean Romanet; Dupeyrat;
J. Martin ; P. Dupin, sindic de la freyrie.)

Reddition de comptes des bailes à la fin de l'année 1518

(F° 10). Premieyrament vous redden la grande arche (2) fermant en douas claus dins la calle a douas caissas ou coffreys ent sont las lectras deus beys de lad. confreyrie.

Item en une aultre arche (3) jugnent à la susdite, fermant en une clau, que vous bailhen, dans la calle et dins lad. grande arche eys la luminarie blanche et rouge de lad. confrérie, que aven pezat devant vous et que vous bailhen per redde, pezan lasd. chandelas la somme de VI^{xx} ll. p. nect.

Lous deus bordons et aquilz eytachatz lous dous panenceus, et en chascun bourdon son grant cournet de fert blanc.

La prose notade ; las douas ballas (4) et cent petiz cournetz de fert blanc per las chandelas deus confrairs, et las douas chappas

____

1 Voir plus loin les extraits de l'année 1555.

(2 Ce coffre était devant l'autel de Notre-Dame ; les deux clefs étaient confiées aux deux bailes laïques ; le baile ecclésiastique avait la clef de la « boîte » contenant l'argent de la confrérie (article 23 des statuts).

3) Ce second coffre était près de l'autel de Saint-Jérôme.

4) Cf. f° 30 v° : « dous ballas que mestent las chandellas ».

deus dous pastoureus fazent chandaliers au puat (1), et lou tout dins lad. arche.

L'eychale manuau per aveir lou Juyeu et per mectre las chandelas au puart.

Lou Juyeu (2) en sa chappe de ceda et son estouy, ung aneu d'aur estachat aud. joyeu, et son bouquet, lou tous dins l'armari deu pilier fermant en treys claus.

Lous treys panenceus de ceda (3) que lous menestriers porten per la festa et aussy lour estouy.

(F° 12). La touailha de ceda per l'auctar, une aultre touailhe de ly per loud. auctar, et une longieyra (4) per lou sermoniadour: et la sarge verda que mecten davan l'auctar durant lou careyme.

Lou grant lampier de couyre garnyt de lampeirous, et l'estola queys dessoubre ; et l'autre petit lanpier de couyre por la grande lampe.

La claus de l'armary de l'oly ; las douas grandas bugas, et lous pichiers à teneyr l'oly.

Lou libre vieilh deus compteys de lad. confrérie, et quatre papiers ont sont escrich lous confrairs et confreyressas de ladite confrérie ».

. . . .

(Les recettes de l'année comprennent : le reliquat de l'année précédente ; les droits d'entrée ou « intrageys » des nouveaux confrères ; le prix des chandelles ; des legs, rentes et revenus divers. Total : 98 livres 17 sols 4 deniers. — Nous relevons quelques articles de ce chapitre :)

(F° 13). Item [ressoubut] de las pechas per sce que durant lad. annade era brut de peste, et per sce feut dich que l'assenssa nou tendrie poinct, mes que chascun payeria en concienssa ; lascauls leveran au mieilh far, et amassen en tout la somme de XXV s.

____

(1) *Puart* ou *puat :* probablement un rateau muni de pointes pour tenir les cierges. Voir année 1566.

(2) Voir plus loin les années 1522, 1524, 1526, 1535, 1549, 1552, 1567, 1568. — D'après l'article 23 des statuts, les deux bailes et le roi ont chacun une clef du joyau.

(3) Cf. f° 30 v° : « treys panenceus de cede que lous aulxboys portent en lous charamellas lou jour de la festa ». En 1527 on les fait « habillhar » parce que la soie en était toute déchirée (f° 74 v°). — Voir année 1534.

(4) Cf. f° 30 v° : « une serviette de ly houbréde per lou sermonyadour ». Cf. f° 62 v° : « une serviete à metre en l'évangélistari ».

Item aven ressoubut de las chandellas deus confrairs LXI s. VIII d.

Item aven ressoubut de las chandellas blanchas XI l. X d.

Plus de V l. que avian assensat lou prat deu Mas Blanquet (1) à Bartholomieu Juge ; rebatut XVIII s. VI d. que avie meys à far levar certanas berches de muraille que eran tombadas, comme luy era estat promeys ; et per sce avons ressoubut IIII l. I s. VI d.

Deu sr Jehan Michalou per lou lougier deu gran prat (2) de lad. confrérie per lad. annade, la somme de dict lieuras.

. . . .

(Le chapitre des dépenses, ou « *mize* », mentionne d'abord les messes générales de la confrérie, et les services funèbres des confrères morts dans l'année. Les messes générales sont au nombre de cinq : Notre-Dame de mars, le dimanche après Notre-Dame d'août, le dimanche après Notre-Dame de septembre, le dimanche après Notre-Dame de Conception, le dimanche après la Purification de N.-Dame. — Extraits des autres dépenses :)

(Fo 14). Lou jour de mars l'amd. mil Vc XVIII assenseren à Thomieu Juge pour se et pour son frair lou pras deu Mas Blanquet de lad. confrérie per IX ans, perveut que messers lous confrairs vouguessas loud. terme de IX ans (aultrament l'assens. que per ung) per V livres chascun an ; et feiren passar la lectre à meistre Loys deu Py, nostre comfrair, au quau baylheren per l'enrregistrar X d.

Item per sce que lou lenc de la corde deu gram lampier lous ratz decendian beure l'oly, feut avizat que, au lec de ung plat que l'on ha acostumat mectre en la corde soubre lous lampiers, nous farian far une grande estelle de boys cuberte de feuille d'aur, lacau gardarie que lousd. ratz nou deicendrian plus au lonc de la corde ; et lad. estelle pararie lou lampier et servirie per mayar (3) loud. lampier à las festas ; et y mectrian lous pendens : car quant eran bas, lous enfans lous preignan et empourtaran tuch durant que lou aluchavan. Et per sce la feiren fer à Vileta, qui per la feissou et per la coubir et penheir ac en tout VII s. VI d.

---

(1) Dans la région actuelle des Casseaux (Cf. *Arch. Hospit.* D. 6, fo 233).

(2) Ce pré dit des Pastoureaux était sis « au territoire de la Croix Buchelin, en la paroisse de Saint-Michel-des-Lions » (*Arch. Hospit.* B. 497). Il est dit parfois « près la Borie » (id. VI. E. 1, fo 249), qui est la même région.

(3) *Mayar*, verbe paraissant signifier d'abord garnir de feuillage (*Maye*) au mois de mai, et employé souvent au sens large de parer, arranger, embellir.

Item feiren fer à Marsau Queyrau, gendre de Bastourret, la clau de la petite bouytie que metten l'argent; et levar las treys platas, abilhar las gachas, et far las claus nouas de l'armari ont tenen l'oly de lad. comfrérie; et en claveus, per mectre et tournar lasd. platas en lour lec; et aussy far ung crampon de fer en crouchet per tenir las treys cordas que fan empachier à montar et deicendre quérir lou juyeu dins l'armary deu pilier; ac en tout loud. sarrurier, et per 1 l. plomb per mectre lod. crampon, V s. X d.

(F° 15). Item per VII cibotz, VII quilhons et VII baudiffas (1), lou tout croys, affit que fus plus légier, per mayar lou lampier, coustet deu penylavy, III s. VI d.

It. per treys fueilhas de papier doublas et une autre daurade, et las treys de coulours per far estelas et aultras chauzas per mayar lou lampier et l'auctar, XII d.

It. en aur liçan, et vous an redden, tout III s.

It. en boys per far fert fondre la cera, et per lou ceyr de Nadau quant lous confrairs se amasseren per anar à mandinas, et lou ceyr de la Breffanie aussi per lou ceir de mandinas quant se abilhavan : en tout XII s.

It. quant fonderen la cera de lad. comfrie, que voulian far la luminarie; ac Faucte per son beure, X d.

It. per abilhar une barre de léthou deus panenceus de ceda que porten lous haultboys quand van per ville lou jour de la festa, lacau era roupude, ac Roucet (?), X d.

It. en fieu et agulhas per mayar de lieyra lous pastoureus lous ceirs de Nadau et Breffanie, VI d.

It. à la moulher de Chabroulet per lavar la lampe et lampeirons per Nadau, XII d.

It. per ung fays agrefueilhs (2), ung fays de bouy, per parar lous lampiers et auctar per Nadau; et ung fays de lieyra per mayar lous pastoureus que se abilhavan lou ceyr de Nadau, II s. VI d.

It. à Chabroulet per anar sonnar aus pastoureus que se devian abilhar lou ceyr de Nadau, X d.

It. per une charge pailhe, per far las torchas aus pastoureus lou ceir de Nadau, et per mectre au sermoniadour, comment eys de coustume, coustet XX d.

---

(1) Cf. « per quilhions et goubelet et boudiffar, en nombre de douas dougenas, per mectre aud. lampier » 1539; f° 129 v°).

(2) *Acrifolium*, houx.

2

It. per lou salary deu chabretayre, de l'uschet (1), deu tabouri et rebet lou ceyr de Nadau; à chascun II s. ; somme VIII s.

It. per la messa deus pastoureus à las laudas, lou ceir deu Reys, comment eys de coustume, II s. VI d.

It. per lou disnar deus pastoureus loud. jour de la Breffanye aven preys de la bouytie comment eys de coustume, XX s.

It. per une lieura arcaneta (2) per far las chandelas rougas; nous coustet la somme de II s.

It. per une charge et ung fay bouy per far la chabane (3) deu sermoniadour; coustet II s. VI d.

It. per la feisson de lad. chabane et lou disnar d'aque que la fey, III s. IV d.

It. per dous fays de pailhe per far las torchas aus pastoureus loud. ceir de Breffanie à Mandinas, XII d.

It. per une charge bouy et une charge pailhe per balhar au reys per mayar l'eigleige, comment eys de coustume, III s. VI d.

It. per lou souppar deu tabouri, rebet, chabretaire et luschet, lou digeous vueilha de Breffanye, XI s. III d.

(Fº 16). It. per lou souppar deu divendreys au soir et disnar lou dissande mandi de l'uschet, chabretayre et taboury; car nou s'en aneren pas per sce que la festa conmenssave loud. dissande, X s.

It. quan lous hault boys vengueren, loud. dissande à miey jour, per servir lad. festa, agueren per lour beure, II s.

It. per la despensa que feiren lou jour que pourtavan las chandellas per ville, per leu mandi IV s. et lou ceir XI s. ; somme XV s.

Item pour lou journau de Chabroulet que pourtave lasd. chandelas per ville, XII d.

It. per lardadoyras (4), per lou jour que pourtavan lasd. chandelas et per lou jour de la festa, per bailhar aquelz que payavan lasd. chandelas, VIII s.

It. per boy, charbon et aultre despensa, et salari de far IIII^{xx}

(1) *Huchet*, sorte de cor, servant notamment à appeler les chiens à la chasse.

2) *Arcanète*, cire rouge faite de vermillon.

(3) Cf. fº 74 (1527) : « Fazem far la *chabbane* sur lou sermoniadour ». Cf. fº 196 (1556) : « Pour la *thonne* faicte au prosne, tant en boys, buy que pour le salaire des vignerons et nouriture d'iceulx..... » Voir aussi année 1541.

4 Cf. fº 74 vº 1527 : « en lardadoyras per pourtar quant et las chandellas per la ville, VIII s. ».

Cf. fº 145 (1543) : « pour cinq cent lardadairas pour bailher las chandellas que l'on pourtoit pour ville ».

XV llp. [de chandelas] per lous confrairs de demye lieura la pessa ;
quatre cirys de 1 lp. la pessa, per mectre aus pastoureus que fan
chandaliers an puart, et per mectre aus chandaliers d'argent per
lou jour de la festa, et après lous mectre aud. pastoureus deu puart
quan lous aultreys sirian achabatz per servir tout l'an. It. X chandelas rougas toutas petitas de 1 lp. qrt., toutas per lous chandaliers deu corps de Dieu. It. L chandelas rougas de VI à la livre, per
mectre au puart et devant l'auctar lou jour de la festa. It. per
XVIIIˣˣ XVI chandelas blanchas per lous confrairs et confreiressas
de la chandela, et VII chandelas rougas de 1 lp. 3ᵉ (1), per mectre
à l'autar durant mandinas lo ceyrs de Nadau et deu Reys ; ac Faucte
en tout, XX s.

It. à la confrérie deu corps de Dieu per parar l'auctar lou jour
de la festa, II s. VI d.

It. au segreyta per las chappas et parar l'auctar loud. jour de la
feste, II s. VI d.

It. au segreyta de las chappas negras, X d.

It. per lou salary de sonnar lous orgneys per la festa, II s. VI d.

It. per aqueu que lous buffant, ac VI d.

It. cousteren las distribucieus de la vespras lou dissande, veilha
de la festa, à chascun prebstre, V d. ; somme XXXIV s. III d.

It. las distribucieus de matinas lou jour de la festa, XXXII s. VI d.

It. las distribucieus de la messa loud. jour, XXXVI s. VI d.

It. las distribucieus de las vespras loud. jour, XXXVI s. VI d.

It. de la messa deus mortz et absolucieu génèralle lendema de la
festa, XXXVIII s.

It. en deniers menutz per lous paubreys à l'oumosne, lendema de
la festa après lad. absolucieu générale fache, VIII s.

It. per quinze pinctas holy que seys darramat (2) durant nostre
annade au grant lampier et en la lampe ; tout coustat, monte la
somme de XXXII s. X d.

(Fo 17). It. per lou salary deus hault boys per la vueilha, lou
jour et lendema de la festa, XV s.

It. per lou salary deu chabretayre, luschet, taboury, rebet, per
lou jour de Breffanye et per lou jour de la festa, an agut per tout :
lou chabretaire X s. ; luschet X s. ; lou tabouri VII s. VI d. ; lou
rebet VII s. VI d.

---

(1) C'est-à-dire : une livre pesant et un tiers.
(2) Cf. fo 25 vo : « oly que se darramet » ; cf. fo 113 vo : « en chande-
les que se daramet ». Etymologie : *dirimere*.

It. per une peu de pergamy per mectre lous statutz nouveulx au libre ont son lous aultreys statutz (1), III s.

It. per aquest présent papier, que aven fach far néou, et per X mas papier que y aven meys ; coste en tout, X s.

It. per sce que monssieur Marsau de Fursat, presbstre, notre compaignon bayle, devie XX s. et douas lieuras cera de cera de resta de reste (sic) de sous intrageys, au jour duey XXIIe jour de mars l'amd. mil V^e XIX a pagat la despensa deu disnar que aven fach aus bayleys nouveulx per lour rendre lous compteys de lad. comfrérie comment eys de coustume ; et per la despensa que avie fach, l'aven quistat de sce dessus dich que devie de reste de sousd. intrageys ; et per sce : Rè.

Somme la meza quarante II. XVI s. VIII d.

Monte la recepte IIII^xx XVIII II. XVII s. IIII d.

Et per sce restara que vous baillhen contant LVIII II. VIII d.

Enset se sce queys dégut à lad. confrérie.

(Parmi les débiteurs, nous relevons les noms suivants) :

Monsr la Gardedeu ceu Jehan Lamyt ; — lou prébost mons. Peir Parlier (2) ; — mons. lou percuraire deu reys meystre Jehan Ardent ; — mons. meistre Pierre Aury, licencié en leys ; — meistre Jehan Lamyt, advoucat en parlament à Bourdeus.

Année 1522

(F^o 30 v°). Deuls aneux d'aulr, estachat au bout deud. juyeu en ung lieu de léton.

(F^o 32 v°). Item l'avant veilhe de Nadau fassem ansenblaz lous confreyrs per se que, lou dieumen avant, nous estant en Gaym, pourtant l'argent de nostre feste au reys come eys de bonne costume, messieurs les officiers députat de par le Reys, alla requeste du procureur du Roy, et ausy mossr le lieutenant et l'avocat du Roy ajoyne avesques Grandchault, prévost de par le Roy, avaient fat far une inybissiom à sont de tronpe que home ne fut cy ardit de fere congrégacion en fréries ne aultrement alla peyne de cinq cent lyvres appliquant au Reys notre Syre. Et per ce qu'en y avie deu confrayrs que se devian garnir, que aviam doste et cranyam ley inybicion et se volhiam pas garnir, fut faiche l'asemblade deu dis confrays à l'oure des vespres, que coutet X d.

---

1 Ce sont très probablement les folios 15 et 16 du Registre coté VI, B 1.

2) « Peyr Parlier, prestre, prébost de l'eigleige et preboustat de Peyrabuflieyra » (f° 10).

It. aqueu jour, nous estant dareys l'autars de St Peyr, lous fut
remontrat que deviam fas cy lou seis de Nadau s'abilhariant hou
non. Lous ung dissiam que nous nous deportessant per aqueus ans,
veu que lou Reys nous avie autat la justice, et ausy que nous nous
erant que restornat à Lymoges, et que enqueire la ville n'ere pas
be sano (1). Lous autreys dissiam que la ville erie be sano, et que
au temps passat s'erant be abilhas que il avie beucopt may de dan-
giers que n'avie au temps pressem; et quis erram d'avis que fasse-
sam une sindiquat et qu'entregitassam une appel.

It. Quam lous autreys, de numero de VI ou VIII, ovigrem parllas
d'appel, s'en vant anas en nous dissem que il n'y consentiant pas, et
la au quas que nous vouguessam rellevas l'appel, come comfrays il
s'apousavant et n'y consentiant poyne.

(F° 33). It. lous autreys dissiam que nous nous retiressam de
vers la gens deu Reys, veyre cy poudiant aveys lissence amyabla-
ment.

It. la velhie de Nadau, nous furem parllas en mossr. lou procureur deu Reys à St Marty per plusieurs viageys, et nous renveys à
mossr. Grandchault; et Grandchault et nous anerent chas mossr.
lou lostenent per plusieurs viageys, et ne feyrent autre chose den
peux dict houras de maty jusque au ceys anas de l'une à l'auetre;
et jamays mossr. lou lostenent nous vouget donnar lissense.

It. lou ceys be tard trameyrent couvidas tuch aquis que ce deviam
abilhas, en dissem : messieurs, nous ne poudem pas aveys de lissence, vias qu'eys de fas; et lous remontrem qu'à St Micheu (2)
s'abilhavant be et que, cy se voulhiant abilhas, nous, balleys, nous
abilhariam lous premyers; et que lous estrumens errant aribat tuch
presteys, et ausy la provysion de boys, pallie, heyre ere tuche
preste. Lous ung se voulliant abilhas; lous autreys, et la majoure
partide, nou, synom que lous balleys lours promessesant gardar de
dommaige et de payar au despens de la confrérie las eymendas;
auctramen nou s'abilhiariant pas.

It. nous lours feyrent response que nous nous troubavant pas per
conseilh, et que nous nou fariant pas. Et per ce dégut nou s'abilhat
lou seys de Nadau, ce que ne fut fait jamays à Sent Peys.

It. quam mathinas se dissiam, nous ouvigrent la chabrete de

---

(1) Le 7 juillet 1522, sequestre des deniers communs et de la justice
de la ville fut opéré par les commissaires royaux de La Roche-Beaucourt
et Bertrand de Brassat, parce que les consuls de 1520-21 n'avaient pas
déféré à leurs ordres et comparu devant eux *Reg. cons.*, I, 120.
L'épidémie notée ici n'est pas mentionnée dans le Registre consulaire.

(2) Voir année 1536.

St Micheu anas per ville ; incontinent feyrent pourtas davant la meygou deu pestre, là hou nous soulhant essayer las chansons, boys, paille, chandellas et lous estrumens tuch presteys per anas per ville. Mas nous troubèrent là porte fermade, et nous vougerent pas hubrir, ny nou troubcrent pas ung pestre (1) de la confrérie ny autre pestre que nous vouguès prestar lous meigous, non pas per saras lou boys ni la pallie ; mas furent contraync an fas restornar come gens infessis (2). Et nou souberent que fas cynon payars leu troys menestriers qu'erant vengut de defore come lou chabretayre, luschet et lou tabouri, et lous doueneren congiet.

(F° 34). Item lou daric jour de l'am agrem congiet de moss. lou lostenent chas l'avocat Betume (?), au batesme (3) et en feyrent raport au confrays ; et lous confrays furent d'avis que ly donessam ung pressem ; et luy pourtent doas perdris et ung connys que couterent XII s.

<h3 style="text-align:center">1524</h3>

(F° 52). Plus aven balyat ac Jeham Roy (4) per acbylias lou dous pastoureu que heran gasta, et fas la bergerye deu coustat de la Trenytat, et netezyr l'auctar, et repenyer las lymandas neuas, XXXV s.

Avem ballyat à Jehan Roy per cismentas lou bras deu pety nostre Senyer et ung bras de ung deu troy Rey qu'ere toumbat, II s. VI d.

<h3 style="text-align:center">1526</h3>

(F° 65 v°). Mize per la reparacion de l'outar :

Primo per ung Sen Josep, compreys lou boys, LVIII s.

Per deux pastoureux, XX s.

Per la menusarie de l'outar, et à acoustrar lou tout que fazie besoing, et per V s. que nostreys prédécessours avian promeys à cause de payar lou sermonyadour per chanctar (?) lou seir de Nadaud, aguet lou charpentier per lou tout, VIII l.

Per ung honme que pourtet la menusarie, VI d.

Per doux masons que leveren lou[s] retaule[ys] de peyre qu'eran bassas, X s.

----

(1) *Pestre :* boulanger (*pistor*) ? ou prêtre (*pastor*) ?

(2) Infestés, pestiférés.

(3) Le nom de *Bétume* n'est pas autrement connu. Peut être s'agit-il de l'avocat *Beaune* (pièce datée de 1541 ; *Arch. Hospital.* B 91), mais la lecture ne peut donner *Beaune*.

(4) On trouve un Jean Reverdy, dit Roy, peintre, à la date de 1537 (*Arch. Hospital.* B. 63).

Item à Bastourret per segar doux crampous que tolhan de montar lous retauleys de peyre, V s.

It. per dourar la menusarie de l'ouclar, et penney de blan lous ymagieys, lou visadgeys incarnats, à Jehan Roy, IV l. XII s. VI d.

(F° 66). It. en une charge de boys conduche chas Marotaud per essayar las chansous, VI s. IX d.

(F° 70 v°). Fut preys deu juyeu treys aneux d'or, que furen vendus per l'avis deux congfays (*sic*) conme apert par quitanse.

1527

(F° 74). Item fezen far une prégieire pour moss. Peyr Cibot, prebtre et nostre confrayr, pour lors fort malade, coustet III s. IV d.

It. VI piessas doublas (1), où a en chascune II petitz Jésus eslevatz, et III historias deux treis Rois, per parar loud. aultar et lampier, à moss. Jehan Saleys (2), XX s.

Aux trompetayreis (3), VI s.

(A la fin de la reddition de comptes, se lit la prière suivante) :

> Regina celi, sias curiousament
> Vers vostre lilz per nous bonne advocade;
> Tant en la vite que à l'expirament,
> Memento nostri, doulce Vierge sacrado.

1530

(F° 84). Item per XVIII Jhésus (4) que feysen far per guarnyr l'outar et lanpier, XVIII d.

1532

(F° 90 v°). Item [vous redden] lous deus manteus d'estame bigarrat que l'on met en caresme aus deus pastoureus, et la courtine de sarge verte davant lous imageis de l'autar Notre-Dame en caresme.

1533

(F° 98 v°). Fazen sazirt per Joham Londeys une vingie (5) am lous

---

(1) Est-ce une sorte de diptyque ?

(2) On connaît à cette date un Jean Saleys, prêtre (*Arch. Hospital*, VIII, D. 1.)

(3) Aux instruments déjà cités, s'ajoutent en 1530 un *clarin*, en 1546 une *cornemuse*.

(4) *Jésus*, sorte d'écusson portant le monogramme I. H. S., et que l'on attachait aux objets appartenant à la confrérie.

(5) Vigne.

fruizt pendens, asize à la Graulhe (1), estant de nostre fondalitat per..... VI d., et III setiers de arreyratge et intérest; bailhem auds. Londeys II s. VI d.

Item à Pauly deu Bost, que fazit vendenyare la vingie nonobstant que fus sasyde, et luy anvoyent intimar la saisyne per Besse; et luy fut bailhat XX d.

Avant achaptat une lampe et XVIII lampeyrous, III s. I d.

(Fº 99). Per luchet que ere de loing, luy fust bailhat III s. IX d.

Per fart escripre las chansous tant per Nadau que per la Epipha-nye, que erant XXIIII chansons escriptas, bailhren à moss. Guilhaume de Vaux (2) VI s.

A l'autre uchet Boysons per demourart esta ville jusques au dyeument de la feste, II s.

Item per la despence deus aux boys per la feste, per lours chavaux de tuch treys, XXX s.

Mémoire que nous vous reden ung manteau de velour cramoisy, semmé de estoiles d'or, que a donné à la dite confreyrie la dompne Barbe Ronmanet, femme de sr Syméon Boyol.

(Fº 100 vº). Et vous redden lous présents compteys en protestant, que, si y troubas auleune faulte, errour ou mesconte, louquaul nou prétenden aveir faite, em presteys de reparart; pregan Jhs et la gloriouse Vierge Marie et vous que nous veilhas perdounart ; quart nou vourriam fart auleune chause contre nostre sagrament de la dite confreyrie, louquaulx avent promeys et jurat ; en pregant Dieu et sa gloriouse mair, nostre advocade, que nous veilh perdounart, et vous veilha consoulart et adjurard en toutas necessitas et espé-ciallament au servici de sa jouyouse confreyrie deus pastoureuxs.

1534

(Fº 102). Item per lous II panenceus de las torchas que feyren far à Gaquet, XX s.

(Fº 103). Per far demourar l'uchet II jours esta ville, car ne voulye retournar, VI s. VI d.

It. per far demourar l'une de las trompetas, car eys de loyn, II s. VI d.

---

(1) Anciennement, hameau situé dans la commune et canton nord de Limoges, à la suite du village de la Brégère (*Dictionnaire topographique de la Haute-Vienne*, manuscrit Grignard). — Un document authentique donne l'indication suivante : « Une terre de la contenance de cinq esminées située dans le bourg de la Brugère joignant le cymetière » (*Arch. hospital.* D 522, f. 311).

(2) Prêtre ; figure sur la liste de 1539.

It. per lous giteys de l'uchet, lous intruments, à chas Guillyen la mère, XII s.

(Fº 104). It. lou deu panenceus mi hor que avant fat far per las torchas (1).

1535

(Fº 106 vº) (Recettes). It. per doux aneux d'aur que eran au joyeu apesant treze deniers que furent vendut per lou coumandement deux confrays, tant per payar lous beyleys de l'annade passade de la somme que leur ere dégude, que per employar la reste à la réparation de l'aultar, IX l. X s.

It. aven recoubut deux confrayrs de la confrayrie, per far peneyr l'istorye de la Nativitat et treys Reys, far ung deux pastoureux nuouf, ensemble far las claravoyas neuvas, et far la courtine et frangas, aussy far rebeyssar lou tableu que ocupant la viste de las susd. historias, la somme de X l. XV s. XI d.

(Fº 109 vº) (Dépenses). It. à Peyr Jaire (?) per peyneyr las historias de la Nativitat et deux treys Reys, ensemble le pastoureau que feyrent far, XVIII l.

It. à Thève Jacquet per far ung pastoureau nuouf, far las claravoyas et abiliard l'aultar, XX s.

It. per far la verge de la cortine (2) et deux crampons per teneyr lou bras d'ung Reys que ere tunbat, X s.

It. per une claud que fust mese au lampier à Saint-Peyr per ce que preniant l'oly, XII s.

1536

(F. 113). Item feyrent ung parament en l'outar, la veilhe de Nadau, hom fut fach ung gram chapiteu renplit de fueilhas douradas, ung petit Dieu dins ung chapeu de triomphe, douas Sibillas et ung ange à la pointe deud. chapiteu, douas dougenas pastoureux, une dougène chérubins, et douas dougenas Jésus; fut bailhat au Goujat per far lou dessus, pour son salari, XXX s.

(Fº 113 vº). En treys chargas de bouys per parar, et per far la chabane hom se dit la chanson, fut bailhat V s. VII d.

It. per far far lad. chabane au prêtre Vachier, IV s.

(Fº 114). It. lou jour de la Brefanye, qu'eir la veilhe de nostre feste, lous confrairs se abilhèren en pastoureux et anèren dire la chansou dins l'eyglieygie de Sen-Micheu, hom aquels de Sen-

(1) Cf. année 1539.

(2) Cf. fº 116 (1536) : la courtine de tafetas de davan l'outar de Nostre-Dame.

Micheu lour bailberen coulacieu chas lour baylie be honorablement.

It. l'endemi, qu'eir lou jour de la feste, vengueren aquelz de Sen Micheu abilhas en pastoureux et plusours autreys lour confrairs; hom lour fut bailhat coulacieu chaz moss. Marsau de Fursat, hom avye tartras d'alemandas et autras chauzas; et coustet la dyte coulacieu XX s.

VI fucilhas d'aur per far las torchas, V s. VI d.

(F. 115 v°). It. per ung papier reliat que aven fach far, hom sont eycrichas las chansons de nostre annade (1), X s.

(F° 117 v°). (Prière à la fin de la reddition de comptes).

Vierge sey doubtance
Mayr deu vray créatour,
Chascun en vous se fie.
Car en bonne espérance
N'aven autre recour
Sinon en vous, Marye.
Très noble comfreyrie,
Fazent à vostre honnour
Maintenes l'alianse;
Qu'en l'haultre geralchie (2)
Hom eys lou vray pastour,
Sye nostre demourance.

1539

(F° 129). Item à mons. Jehan Lacipetre (*sic*), per far VI instoryas, en ung chapeux de triomphe à l'entour, rondas; an cousta XXV s.

It. per far lou parament et tonne de soubre l'autar, enssemble XIII pastreys que ferent far à lourdit per mettre davant, tant en maye qu'en bouys et cyre et fuste, tout conpreys la deypence.

(F° 131). It. las douas torchas, ensemble lous panenseulx d'cymaus.

1540

(F° 133). It. per far lou paramen de l'outar, compris las ystorias que feist moss. Jehan l'arciprebstre, boy, cyre, fuste et journault demieys; couste tout II l. X s.

1541

(F° 137). Per far la tonne deu sermoniadour, siercleys et maye, VI s. VI d.

(1) Ce recueil n'a pas été conservé.
(2) Hiérarchie provençal *Gerarchia*: *Gérarchie* dans la *Vie de Saint-Denis du British Museum.*)

1542 (1)

(F° 140 v°). Plus pour enprimer les chansons de Noël, V s. 2 .
Plus pour enprimer ceux là de la Brefaigne, V s.

1545

(F° 154 v°). Per douas chargas de boys de Navex, XV s.
(F° 155). Plus à Glaudo Garnier (3) per enprymar las chansous dous vet, X s.

1546

(F° 158). Pour faire imprimer les chansons tant de Noel que des Roys, X s.

1549

(F° 164). Pour balher au pourtier le soyr de Nohel et le jour des Roys pour fère entrer sr. Joseph Ruaud (4), XX d.
Pour porter Notre Dame à la procession, XX d.
(F° 165). (Vous rendons) le joyaulx de lad. confrérie couvert de . mantheaulx de taphetas, en ung bouton d'argent, ensemble l'estuy.

1550

(F° 166). Plus avons receu de moss. de Lymoges par les mains de moss. Marsuppin ung esceu pd. (?) vallant XLVI s.
Plus de mess. du chappitre de Sainct Estienne, XX s.
Plus de madame l'abbesse de la Reigle ung teston vallant XI s. III d. (5).
(F° 167 v°). Item pour faire imprimer les chansons du cuir de Noel, bailhé à Glaude Granier XV s. VII d.

---

(1) Premier emploi de la langue française dans les comptes de cette confrérie.

(2) Première mention de ce fait. A partir de 1545, cette impression a lieu tous les ans, sauf de rares exceptions.

(3) Avant que cette indication fût connue, on n'avait aucune trace de l'existence de cet imprimeur entre 1533 et 1550. Voir notre étude dans le *Bibliophile limousin*, 1905, n° 3.

(4) Peut-être s'agit-il d'un cérémonial suivi pour l'introduction d'un nouveau confrère.

5. Voir années 1560 et 1581. — Ces libéralités, inaugurées en 1550, se renouvellent constamment de 1554 à 1568. Elles deviennent ensuite moins régulières. — Voir année 1556.

Item pour imprimer les chansons de la Bréfanye, bailhé au filz de Pol Barthon (1) la somme de VIII s.

(Fº 168). Item pour le disner des pastoureaulx habillés le jour de la Brefanye, où nous fismes quatre platz, sans les ménestriers, monte X l.

1551

Item pour le salaire de Jehan de Brigueil qui joua du rebect led. jour de la feste, VII s. VI d.

1552

(Fº 174). Et davantage fault noter que, parce qu'il a pleu au Roy nostre sire, pour subvenir à ses affaires au faict de la guerre, mectre sur chascun clocher de parroisse par tout le diocèse, le for portan le foible, la somme de vingt livres tournois ; et que, parceque les fabriqueurs de l'église dud. Sᵗ Pierre nous ont contrainct bailler par déclaration les rentes et aultres choses apartenant à lad. frérie, en obéissant à ce, comme les bailles des aultres fréries faisoyent, avons balhé la déclaration de cens et rentes de lad. frérie ; veu laquelle déclaration le grand vicaire de moss. de Lymoges nous auroit balhé ung chartreau contenant comment lad. frérie avoit esté taxée à la somme de dix huict livres ts ; laquelle somme de XVIII l. a esté promeis payer aud. sr. grand vicaire, comme en apert par la quitance attachée au présent livre, signée Sommière, en date du VIII de juilliet mil Vᶜ cinqᵗᵉ deux ; touteffoys lesd. XVIII l., les avons heues de Joseph Ruaud sur sa ferme du grand pré que luy avons affermé pour troys années advenir par advis desd. confraires à prix et somme de vingt livres ts pour an, comme de ce apert par leur surté (2) receue par Mᵉ Jehan Rouchon, laquelle est parelhiemen attachée au présent regestre ; laquelle quitance de XVIII l., ensemble lad. lettre signée Rouchon nous avons laissés.

(Fº 175). It. pour les chansons, marché faict, a esté paié aux chantres, oultre un escu que le roy, le sire Martial Dauvergne, a balhé, IX lt.

Oultre, une collacion que fismes ches Mayau, que costa XIII s. VIII d.

It. pour le disner des pastres habillés le jour des Roys et pour les chantres qu'estoyent en nombre vingt, à cinq sous tourn. pour

(1) Pour les *Barton* comme pour les *Garnier*, voir *Bibliophile Limousin*, 1905, nº 3.

(2) *Sûreté*, garantie donnée par devant notaire.

homme, oultre les ménestriers et courrieu (1) susdit, a esté poyé V l.

(F° 178). Et premieyrement le joyau d'argent, poysant huiet marcz deux onces XVIII d., couvert d'ung manteau de taffetas, et ung gros bouton d'argent dauré, et son estui de coyr ; auquel relicquère y a une bergère am pie, ont y a troys pastres et sept brebis d'argent.

1553

(F° 180 v°). Item pour les chansons, XV l.

1554

(F° 184 v°). Plus avons receu de deux personnes de ceste ville qui avoyent veux et debvotion à lad. confrayrie, desquels avons receu la somme de 45 l. 17 s. 0 d. (2).

(F° 186). Plus à Léonard de Combrouze, tabourin ; à Just ; au chabretaire ; à Fougeyron et au filz de Léonard de Combruze ; à chascun pour leurs sallaires 10 s. ; monte 4 l. 10 s.

Plus a esté bailhé à Mourier le rebet pour ses sallaires, 2 l. 5 s.

1555

' (F° 190 v°). Plus avons mys pour fère fère et garnir le devant de l'autel de Nostre Dame, tant à Femynas (3) que à Petaviyeus, painctres, que à Denys le vigneron pour fère la tonne du sermoniadour.

(F° 191). Plus avons donné à Mr Denys Barthon, imprimeur, pour avoir imprimé les deux chansons, comme est aussi de coustume, XXV s.

(F° 193). Plus fut donné le lendemain de la frayrie pour le disner de tous les pouvres de l'hospital de St Martial dudit Lymoges (4), XL s.

---

(1) *Courrier*, messager chargé de convoquer les confrères.

(2) Premier emploi des chiffres arabes. Dans les comptes du xvi° siècle, les bayles de cette confrérie ne s'en servent qu'en 1554, 1568, 1578, 1583-84-85-86.

(3) Laurent Dubreuilh dit Fémynas. (Cf. année 1561).

(4) Repas annuel fixé au « lendemain qu'on mange la fête des Roys, que sera le lundy matin, à disner, à tous les pauvres qui seront et se trouveront dans ledit Hôtel Dieu ledit jour ». (Acte notarié du 20 janvier 1555, ancien style, *Archives hospit.*, l. B., 7.) La rente de 40 sols, annuelle et perpétuelle, est garantie par l'ensemble des biens de la confrérie et spécialement par le grand pré. — Voir le dernier des articles complémentaires des statuts.

1556

(F⁰ 195 v°). Plus ay receu de Jehan Blanchon, messagier de Lymoges, en argent, XX s.

Receu du roy, à cauze du bancquet qu'il devoit faire aux chantres et (qui) ne se fit pas, la somme de quarante soulz que furent balhés aux bayles de l'opital.

(F⁰ 196 v°). Pour le présant(1) que fust donné à monsieur l'Evesque et à chapitre et à l'abesse de la Règle, le tout compté XIV s.

1557

(F⁰ 199 v°). Premyèrement, pourcequ'il faict besoin gran frais, et que nous bailles n'estions pas pour despandre du notre à cause que sommes povres, et que ni avoit pas d'autres confrères qui ne fussen estés bailles, les confrères nous firen accepter la bailie, moyennant que ne despandisen du notre, et pour ce avons laissé à dire plusieurs messes ; quar n'avion le de quoy (2).

1558

(F⁰ 202). Premièrement, le dimanche d'apprès les Roys, eusmes pour fère danser les confrères en pastres XII torches, desquelles en perdismes sept, XXVI s.

Item le lundy entseguent, pour ce que les confrères vollurent dancer (3), poyasmes les ménestriers, qui coustarent, comprins leur soupper, XX s.

It. avons balhé pour fère reigler le livre des statutz à neufz, parcequ'estoit for rompu ; ensembles pour y adjoucter une pau de parchemyn pour escripre les noms des confraires au nect, et pour le faire rabilher le dessus, en tout VII s. VI d.

(F⁰ 203). Plus avons balhé à Berthon pour imprimer les chansons, XX s.

1559

(F⁰ 207). A Barton, imprimeur, XX s.

---

(1) Voir années 1561, 1562, 1567 que nous relevons à titre d'exemples. — Voir année 1550.

(2) Etaient bayles : Laurent Dubreuil (peintre), Etienne Borye (?), Robert de la Place (prêtre).

(3) Voir années 1578, 1581. — Ces danses sont aussi mentionnées en 1587 et 1624.

1560

(F° 211 v°). Avons receu de mess. les chanoines du chappitre de Sainct Etienne, le jour des Roys, comme ont de coustume, et parce que on a chanté la chanson, la somme de XX s.

Plus avons receu du grand vicayre de mons. de Lymoges, comme a de bonne coustume, après avoir chanté la chanson au logis de l'Evesque, L s.

Receu de madame l'abesse de la Reigle, après avoir chanté la chanson en son abbaye, XII s.

(F° 212). A Barton, imprimeur, pour imprimer la chanson de Noel, XII s.

Plus à ceux de la Couronne (1) pour imprimer celle du jour des Roys, XV s.

1561

(F° 217). Le XVIᵉ novembre, pour la collation après disner et souper des chantres pour fère marché de fère chanter les chansons, XL s.

Item le dernier jour de novembre an susd. promismes à Laurens Dubreuilh dict Femynas et Etienne Bosrie pour fère chanter, et, pour ce, fournir de chantres les chansons de Noel et des Roys comme est de coustume; pressentz sire Marcial De Cordes le Jeune, roy de lad. feste, et Pierre Chambon ; X s., que leur avons payé et en avons quictance.

It. le dict jour pour la collation que payames en faisant led. marché, VI s. VI d.

It. pour fère mectre au net la chanson de l'Epiphanie chez Claude Grenier, X s., et XX d. pour le vin des compaignons ; que sont XI s. VIII d.

It. fut payé à Colin Noalhier, pasticier, pour la collation baillée aux ménestriers quand ilz arrivarent la vigile des Roys, VI s.

It. pour ung connil VI s., une palomme III s. IV d., et pour deux oranges VIII d., pour bailler à mons. l'Evesque de Lymoges, mess. du chapitre de Lymoges et madame l'abbesse de la Régle : monte X s.

1562

(F° 220). Avons payé pour fère imprimer les chansons à Jhérosme Garnier, XXIV s.

(1) Atelier des Garnier.

(F° 221). Avons payé pour ung connil et une perdridz qui furent donnés au grand vicaire et au trésorier de Saint-Estienne, XII s.

1563

(F° 222). Mémoire que, pour ce que la présente année la peste estoit en la dite ville de Lymoges, et ne purent fère led. service le dimanche d'après les Roys comme on avoit de bonne coustume, mais fut faict led. service le tiers dimanche de caresme, cinquiesme jour de mars an susdict (1).

(F° 224 v°). Item avons donné à messieurs les confrères par ordonnance de monss. le lieutenant général, pour la nourriture des pouvres pestifférés, la somme de V l. XV s.

1564

(F° 225 v°). Pour fère fère la verbe de la chanssons du soyr de Noel, que fust balhé ung présent à sr. Jacques Grégoyre (2), XXIX s.

Plus a esté balhé aux chantres par comendement de mon compaignon mestre Pierre Dupin, pour accorder la chanssons de Nohel aux chantres, qu'est troys soupers et ung disner, VI l. XIII s. VI d.

1565

(F° 227 v°). Plus de Marcial de Beaubrueil, dict Mouston, à cause des rantes d'une escure qui est au dernier de sa maison, IV l. XV s.

Item pour fere faire la verbe de la chansson alams jusques au Masbouriane (3) parler avec frères Psaulmet Grégoyre (4) et Pierre Benoist, pour nous fère une verbe de chanson, et lour fust bailhé ung présant : une bégasse et une perdris, XV s.

(F° 228). Plus, le soyr, soupasmes ensemble et despandismes, XXX s.

Plus quatre jours après, retournames aud. Masbouriane pour recouvrer la verbe : fust porté deux cartes vir., à II sols pincte : VIII s.

1566

(F° 231). Plus en la sepmaine saincte, pour fère ung puat de fer à la syme du grand lampier pour mectre dix lamperons, costé VI s. I d.

---

1 Aucune mention relative à la chanson en cette année de peste.

(2) Contrôleur en la recette générale.

(3 Actuellement hameau situé dans la commune de Couzeix, près de la route de Limoges à Poitiers, à 4.500 mètres environ de Limoges.

(4) Apothicaire Arch. hospit. II, B 8). — Pierre Benoist, prieur de Saint-Gérald et archidiacre.

Plus ay fourny pour poursuyvre le procès contre les délégués du colliège (1), qui demandoyent le revenu de lad. frérie ; fismes assanbler les confrerz pour fère ung sommaire de la myze et recepte, et communicquer à moss. de Beaubreilh pour leur fère response ; le tout cousta XV s. et II d.

Plus bailhé pour ung disner que fust faict à chas sire Anthoine Rouchaud, XXI sols, le dymanche après Toussainetz, pour fère la chanson de Noel.

Plus pour ung disner que fust faict aux champtres le dymanche vigille de St-Estienne pour leur champter la chanson, XXXVI s.

Plus pour un autre repas, présent le greffier Ronmanet, le dimanche amprès, que fistz mess. André Deschamps ausd. chanptres, que cousta LII s. IX d.

(Fo 232). Plus pour ung disner le dimanche avant Noel faict aux champtres, présent le greffier Roumanet, sieur Pierre Benoist, Marcial Mouriquet, messire Bartholomé Moneyron et aultres confrairz, à chas messire Anthoyne Rouchaud ; cousta III l. X s. VI d.

Plus payé à l'organiste pour fère le son de lad. chanson de Noel, XXXVI s.

Plus pour fère imprimer lad. chanson à ches Michel Granier, conprins le vin des serviteurs ; cousta XXVI s. VI d.

Plus au muet de ches Salot pour fère les ystoyres de la tonne, de devant l'ymaige de Nostre Dame la Joyeuse ; costa XXVII s.

Plus pour ystoires et Jésus, pour mectre aus lampiers et à lad. lampe, XX s.

Plus en or quyquant, pour atacher lesd. hystoyres et Jhésus, IV s. X d.

Plus en feilhes de carto pour fère lesd. histoires, lesquelles je fournys aud. muet, VI s.

Plus à Mages, pour fère le son de la chanson des Roys, XII s.

Plus pour la fère imprimer à ches led. Michel Granier, et pour le vin aux serviteurs, XXXVII s. VI d.

1567

(Fo 236). Plus pour fère chanter la chanson, le premier jour de décembre, fourny pour ung disner en pistance, en vin et pain, XXIV s.

____

(1) Par mandement de Charles IX, il avait été ordonné en 1562 : « les deniers, biens et revenus des confréries de la ville de Limoges, le service divin préalablement fait, seront pris, maniez et distribuez par celluy ou ceulx que les consuls commecteront. » (Arch. Haute-Vienne, série D. 7. (Ge. Reg. consul. II, 233).

Aux enffens du cœur de St-Estienne (1), XIX s. VI d.

Plus pour une collation chez Bernard de Leymarie, IV s. IV d.

Pour ung pot de sucre, XXXVIII s.

Aux enffens chez le mesme, VII s. VI d.

Plus pour les escripteaux, au muet chez Salot, IV s.

Pour avoir des chapeaux (2) le seoir de Noel, VI s.

(F° 237). Plus la vigile des Roys, en quatre connilz pour fère les présents, XXXVI s.

En une bécasse et une perdrix, XIII s.

Pour une douzaine œufs, III s.

A Coly le pastissier, pour le disner des confraires, VII l. X s.

(F° 238). Plus rendons le reliquaire et joyeu d'argent, pesant huict marcz deux onces et dix huit deniers, hormis l'aisle d'ung ange et d'ung mouston (*sic*) comme en sont à dire comme estoient lorsque nous furent balhéz.

1568

(F° 239). Plus pour la despense des confrers qui allaren quérir les ménestriers à Eyjaulx, 4 l.

(F° 240) Plus en allan quérir les ménestriers pour les Roys à Verneilh...

(F° 241 v°). Rendons aux bayles la boyte vuyde, dont sonsmes bien maris que n'ayons de quoy rendre ung surplus.

Plus rendons le reliquaire entier ; car Jehan Vérier l'ayné, confrère, a faict l'aisle, pasteur et brebis qu'estoy perdus, port son entrée en lad. confrérie.

(F° 242). Plus un lampier d'araing, et un petit lampier d'araing, avec la lampe et clefz desd. lampiers.

1578

(F° 243 v°). Avons mis le dimanche d'anpprès les Roix qu'eusmes pour fère danser les pastres VI torches dont en perdismes V.

Plus avons baillé à mons. le maistre de St-Etienne pour retirer le champ des deux chanssons de Noel et des Roix ung présent jusques à 1 l.

Plus avons frayé pour ung desjuner que fismes aux pastres pour les fère danser la vigille de Noel, 20 s.

---

(1) Voir années 1587. — Mention analogue en 1568.

(2) Chapeaux garnis de fleurs que les confrères portaient le jour de la fète (Voir l'article 11 des statuts). Cet usage n'était pas spécial à la frérie des Pastoureaux.

1580

(F° 247)........ Et la susdite promesse (1) a esté faicte pour obvier à ce qu'on a veu durant deulx ans derniers aulcuns deulx confrères ayant esté receuz soy absantés et retirés des aultres confrères, après y avoir assisté quelques années, à l'escandale deuls et de la frérie. A esté aussy aresté que les bailes à l'advenir ne recepvron aulcuns confrères sans l'adviz de dix ou vingt des anciens confrères, et leur feront signer les statutz et la présente convention à peyne de payer en leur nom propre lad. somme de vingt escuz ; et a esté convenu et accordé que les confrères qui n'on esté baillés le seront conjoinctement au ranc qu'ilz ont esté receuz sans soy pouvoir excuser, et, le ranc expiré et passé, sera reveneu aux anciens par le mesme ordre. Et néantmoingtz demeurent les présédants status en leur force en ce que conserue l'assistance de service dyvin, l'estat et ranc des confrères qui se doibvent abilher annuellement, et autres articles, serments par nous juréz, lesquels promettons et les susdits thenir moyennant serment et .... considéré tous ; présent Pierre Buisson, filz de Léonard Buisson, dit le Contaud, charpentier de Lymoges, et Jehan Besse, mestre du Jeu de Paulme, témoings ad ce appelés le dit jour. [= 10 janvier].

1581

(F° 249). N'avons daigné aler fère dire la chanson à la Reigle, causant qu'on n'y bailhiè qu'ung teston, et les présents que eussions bailhié eussent valeu led. teston et plus.

A l'imprimeur qui imprima les deulx chansons, fut payé V l.

(F° 250). Pour faire assembler les confrères après Noel deulx ou troys jours, aux fins de scavoir ceulx qui debvoient danser et s'abilhier, fut payé au courrier X s.

1583

(F° 251). Ce sont les comptes tant de la recepte que de la myze faict par moy Jehan Veyrier l'aîné, m° orpheuvre de Lymoges,..... et suys esté bayle seulz part ce que Guylhyaume de Cordes ne voulut assester la beylye, et ay faict tous les frais à mes despans en l'année susdite.

(F° 251 v°). A Joysept Guyber, sonneur de vyolie, 25 s.

<hr>

(1) Promesse de garder le rang assigné à chaque confrère par la liste, sous peine de payer 20 écus au soleil d'amende. Chaque confrère était bayle à son tour, selon le rang qu'occupait son nom.

1584

(F° 253). Estant ballies François Clément et Marcial Garac ; dont led. Marcyal Garac mourut de peste en l'année.

Pour aler à Beavoys (1) quéryr les chans de la chanson avec (des) troys des chantres quy estoint avec moy, avons despandeu pour chasque foys 20 s. ; monte 38 l.

(F° 254). Ay envoyé à mons. le meystre des anfans deulx perdris et une boutellye de ving de Simillyon ; coute le tout 40 s.

1585

(F° 255 v°). Pour les ménestriers qui ont assemblé les confraires à l'Eglize, et pour avoir envoyé à Grammont et aileurs chercher davantage de ménestriers, 2 l. 15 s.

1587

(F° 257). Faict par moy, Jacques Rougier, recepveur de mess. les Présidiaulx ; et suis esté seul, parceque Me Pierre Dupin, qui estoit nommé comme moy bayle, ne voulut assister la dicte baylie ; et ay faict tous les frays à mes despens (2).

Plus ay bailhé à monsieur le mestre des enfans de St Etiene pour avoir le chan ung levrau et deulx perdris qui coutarent XXX s.

Pour leur faire chanter la chanson, 6 l.

Plus ay payé à sire Heugue (3) pour imprimer la chanson, III l.

Plus ay payé pour ung repas pour les confrères qui dansarent le jour des Roys et pour les chantres ; payé à Léonard Jay, 13 l.

(F° 260). (Fragment inachevé de chanson) :

> Veycy lou bon meynage
> Que n'an bre de soucit,
> Qu'en lour couragé
> Deu gay beurage
> Ne sont ennemis.
>
> L'argent ny la richesse
> Jamay nes lour meytresso.....
> ....

(1) Probablement le village situé O.-N.-O. de Limoges, et où se trouvait un château servant de maison de plaisance à l'abbé de Saint Martial.

(2) Recette : 45 livres 15 sols 8 deniers. Dépense : 84 livres 6 sols 8 deniers.

(3) Hugues Barbou, l'imprimeur bien connu, fixé à Limoges depuis 1566.

1614

(F⁰ 266 v°). Le douze de janvier mil six cents quatorze, de l'advis
de mess. les confrères, et pour avoir manque par Me Claude de la
Joumard à son devoir et autres considérations, a esté aresté que
led. de la Joumard ne sera plus receu en lad. compagnie (1).

1623

(F° 269). Réception dans la confrérie de) Pierre Blanchon, advo-
cat et lieutenant de la jurisdiction des Combes (2).

1634

(F° 271 v°). Le jour de l'année par avant escript, les confraires
estanz assamblés au logis des Trois Pilliers, ayant esté mis en délibération qu'il y avoit beaucoupt de personnes qui avoient devoe-
tion à la frérie, néanmoins qu'ils craignoient les fraiz extraordi-
naires qui se font tant à la prinse de la frérie que au disner de
celluy qui se faict le jour de la feste. A esté aresté par lesd. comfraires que celluy qui viendra au rang pour prandre la feste comme
roy, au lieu des dix livres qu'il baylhoit du lundy (?), il en sera
quicte moyennant six livres ; et pour le disner du jour de la feste,
sera au choix de celluy qui la tiendra de bailler à sa discrétion le
disner et à sa discrétion sans user de superfluité. De plus, affin que
lesd. comfraires ayent moyen d'ouïr les comptes des bayles qui
seront en charge, que ceux qui entreront seront tenus d'advancer
la somme de quatre livres. Et attandu le peult de nombre, qu'il n'y
aura que ung baylle pour faire les frais, et le sieur Urbain (3) pour
baylle d'esglize. Et pour l'année prochaine avons nommé Jehan
Midy, l'un desdits confraires ; et ensuite de l'un à l'autre. Ce que
ont promis et sygné.....

(F° 274). Le susdit jour, attendu que Mr Simon Fornier (4) n'a
voulu payer les deux escus qu'il debvoit en qualitté de daulphin (5),
il a convenu à sr Albert Midy de les payer et prandre la plasse

(1) Claude de la Joumard, « praticien », avait été reçu confrère
en 1604 (f° 265). Il fut fermier des aumônes de Sainte-Croix en 1630.

(2) Pierre Blanchon devint contrôleur général du taillon de Limoges
et auditeur des comptes. (*Archives hospitalières*, B. 82.)

(3) Jean Urbain, « maitre de la sellette *sic* de Saint-Martial » f° 265.

(4) Simon Fornier ou Fournier, prêtre de l'église Saint-Pierre (*Reg.
cons.*, III, p. 272) ; il se distingua lors de la peste de 1631.

(5) C'est la première mention de ce titre que nous trouvions dans ce
registre.

dudit Fornier, et tiendra la feste l'année prochaine. Et led. Fornier demeurera exclus d'entrer à l'advenir en la compaignie.

(F° 275). Aux coristes et enffanz de cueur de Sainct Martial pour fère chanter le quantique du jour de Noël, 3 l.

1640

(F° 280 v°). Pour avoir payé à M⁰ Debroa, patriarche, pour deux sestiers froment, quatre.livres 10 sols.

(F° 281). Receu des sieurs bayles de la confrairie de Notre Dame de la Joyeuse, alias de Notre Dame des Pastres de l'esglise de Sainct Pierre du Queyroir de Limoges, la quantitté de deux sestiers frommant à moy dheubz de sens et fondalitté un chascun an sur le pré appelé des Pastres, à cause de ma vicairie dicte du patriarche Lamy fondée dans l'esglise de Limoges, desservie à l'hautel sainct Thomas. A raison de quoy tiens quittes lesd. sieurs pour la présente année et jusques au présent jour. En foy de quoy ay signé le dixiesme décembre à Limoges de l'année mil six cent quarante.

Debroa, vicaire.

1647

(F° 287 v°). (Réception de) Jehan Barry, cappitaine de la maison Commune.

Contrat (1541)

Faict en la sacristanie, estant au dernier le grand aultier de l'esglise parrochielle de Sainct Pierre du Queyroy de Limoges, le dix neuviesme jour de décembre, l'an mil cinq centz quarante ung. Sont esté présens et personnellement establys et constituez en droict, honnourables honmes maistre Pierre Aury, licencié ez droictz, conseiller pour le Roy nostre sire en la senneschaulciée de Limosin, sires Syméon Boyol et Simon du Peyrat, bourgeoys et marchans dud. Limoges, fabricqueurs et au nom de fabricqueurs de l'ediffice et bastiment de lad. esglise, faisans aud. nom en ceste partie tant pour eulx que pour sire Françoys Dauvergne, aultre fabricqueur, leur compaignon, absant, d'une part; Et honnourable homme Audoin Dauvergne, bourgeoys marchant dud. Limoges, aussi pour luy et les siens d'aultre part; Et maistre Jehan Londeys, probtre, sires Joseph Rogier et Jehan Romanet, bourgeoys et aussi marchans dudict Limoges, comme bayles et au nom de bayles de la dévote et notable freyrie appellée de Nostre Dame la Joyeuse, alias des Pastoureaulx, célébrée chescun an à son honneur en lad. esglise, pour leurs compaignons bayles et confrères qui à l'advenir seront de lad. freyrie, faisant en ceste partie et stipulens d'aultre ;

Comme par mond. seigneur le conseillier Aury, l'ung desd. fabricqueurs dessus nommés et confrère de lad. frayrie, aist esté proposé, dict et remonstré en présence desd. bayles dessus nommés et de la plus grand et saine partie desd. confrères de lad. freyrie aussi présens, illecques présens et assemblés et traitans dez afferes et négoces de ladicte freyrie : Que, comme a veue d'ueil soit tout notoire, lad. esglise aist grand besoingt et soit necessaire de la clore et parachever l'edifice piecça par les fabriqueurs précédens acconmensé; Laquelle chose ne se puisse faire, conduire, parfaire ni parachever, veu la sumptuosité de l'édifice piecça, comme dict est, accommensé et grand coustaige d'icelluy, sans l'ayde et secours de beaucoup de notables personnaiges de lad. parroisse ; Et pour laquelle chose parachever les susdits sieurs fabriqueurs ayent serché tous les moyens qu'il leur a esté poussible de trouver pour leur ayder à parfaire leur dict édifice ; Et ayent communiqué dud. affère et négoce avec mesd. sieurs les bayles et confrères de lad. freyrie de leur ayder à parfère le bastiment et édifice jà acconmensés; Et soit esté advisé et iceulx fabricqueurs ayent tenu propos et requis lesd. bayles et confrères de adce ayder ; et, comme led. sire Audoin Dauvergne doibve tenir la présente année lad. feste de notre dame la Joieuse alias des Pastoureaulx, en laquelle, comprins le jour de porte-argent, se faict cinq repas, de en oster et extaindre les quatre pour la présent année seulement, veue la nécessité, et sans tirer à conséquence, et, de ce que cousteroit aud. Dauvergne les quatre repas, de le bailler pour l'honneur de Dieu et de la Vierge Marie au bastiment et édifice de lad. esglise.

A quoy led. Dauvergne, voyant la nécessité de lad. esglise, a tousjours volu entendre et offert de fere et obéyr au vouloir desd. bayles et confrères, et se soit tousjours remys à leur vouloir et discrétion, et promis de faire tout ce que par eulx luy seroit dict et ordonné ; Et estoit tout prest, comme il a illecques dict et affirmé, de tenir lad. feste et fère bonne chière ausd. confrères et les traicter en gens de bien, se soubzmectant tousjours à leur bon adviz et délibération. Et amprès plusieurs assemblées en traitant dud. affère faictes, soit esté dict, conclud et aresté par et entre lesd. bayles et confrères que led. Dauvergne bailleroit et poyeroit ausd. fabricqueurs pour ayder à parfaire led. bastiment et édifice la somme de cent livres tourn. par luy une foys poyées et ung disner ausd. confrères le jour de leur feste, et avec ce seroit et demeureroit quicte des aultres quatre repas accoustumés de fere ; de quoy led. Dauvergne libéralement aist consenti et promis de fère.

Par quoy est il ainsin que aujourd'huy, en accomplissant lad.

promesse, led. Dauvergne a payé et baillé illecques réaulment et
de faict ausd. fabricqueurs ladicte somme de cent livres ts. en mon-
noie blanche de douzains illecques nombrés et conptés, et par led.
Boyol et ung desd. fabricqueurs heue, prinse et receue en présence
des notaire et tesmoins soubznommés, dont iceuls fabricqueurs s'en
sont tenuz pour bien contens et en ont quicté led. sire Audoin
Dauvergne et les siens. Et a été dict et accordé et promis par et
entre lesd. fabricqueurs, bayles et confrères dessusdits que, affin
que de ce soit perpétuelle mémoire, iceulx fabriqueurs feront fère
la clef de voulte et édifice que se font à présent tout à neuf; en
laquelle clef mectront les armes et enseignes de lad. freyrie en
pierre de taille ou bien en fonde de cuyvre, que seront eslevés
en bosse ; et y mectront et expouseront jusques à la somme de six
escuz d'or au souleil ; laquelle dite somme de six escuz d'or au
souleil lesd. fabricqueurs ont promis mectre et employer pour raison de ce fère, affin que de ce soit, comme dict est, perpétuelle
mémoire. Et ainsin l'ont promis et juré de faire lesditz fabricqueurs aux sainctz Dieu évangilles nostre Seigneur, touché le livre.

Dont et desquelles choses susd. lesd. bayles et confrères, Dauvergne et fabricqueurs ont demandé et requitz à moy notère royal
soubz escript acte et lectre leur estre faictes et baillées ; ce que a
esté faict soubz les scelz du Roy et de monsr. l'official dud. Limo-
hes en la meilleure forme pour leur servir et valoir en temps et
lieu comme de raison, ez présences de maistre Pierre Victrat, pbre
sacristain de lad. esglise, et de Georges Grand, clerc, natif de la
paroisse de Linardz, à présent habitant dud. Limoges, tesmoingz
cogneuz, adce requitz et appellés, les jour et an susd.

Ainsin a esté faict par devant moy notère royal soubz escript, ad
ce fère requitz et appellé par lesd. parties.

M. Des Champs.